Dieses Buch gehört:

_____

Alle Tipps und Informationen in diesem Buch
sind sorgfältig ausgewählt und geprüft.
Dennoch können weder Urheber noch
Verlag eine Garantie übernehmen.
Eine Haftung für Personen-, Sach-
und Vermögensschäden ist ausgeschlossen.

5 4 3 2 1

ISBN 978-3-8157-8859-2

2008 Coppenrath Verlag GmbH & Co. KG
48155 Münster, Germany
CH: Baumgartner AG, 8910 Affoltern
Text und Illustrationen: Niklas Böwer
Redaktion: Annette Güthner
Alle Rechte vorbehalten
Printed in Italy

www.coppenrath.de

DER BAGGER

Mit Texten und Bildern von Niklas Böwer

COPPENRATH

Hallo, Kinder!

Das sind Lilli, Lukas und Herr Schulze. Herr Schulze ist der Hund von Lukas. Die drei sind dicke Freunde und immer für spannende Erlebnisse zu haben.

Eines Morgens werden Lukas und Herr Schulze durch lautes Rumpeln und Poltern geweckt. Sogar die Wände wackeln ein wenig. Ist das etwa ein Erdbeben? Aber nein! Auf dem Nachbargrundstück ist ein großer Bagger im Einsatz. Das muss Lukas gleich seiner Freundin Lilli berichten.

Zusammen mit Lilli, Lukas und Herrn Schulze erfahrt ihr in diesem Buch eine Menge über Bagger. Was ist alles dran an einem Bagger? Wie kommt ein Bagger zur Baustelle? Und warum kann ein Bagger seinen Ausleger bewegen? Wieso haben manche Bagger Raupenketten, andere aber Räder? Oder wo überall werden Bagger eingesetzt?

Viel Spaß beim Lesen, Schauen und Entdecken!

Inhalt

- 4 Wozu wird ein Bagger gebraucht?
- 6 Was ist an einem Bagger alles dran?
- 8 Wie funktioniert Hydraulik?
- 10 Wie wird der Bagger gesteuert?
- 12 Werkzeuge für den Bagger
- 14 Wieso haben einige Bagger Raupenketten, andere aber Räder?
- 16 Wie kommt ein Bagger zur Baustelle?
- 18 Die ersten Bagger: Dampfbagger
- 20 Was genau ist ein Seilbagger?
- 22 Der Teleskopbagger
- 24 Der Schaufelradbagger, ein wahrer Riese
- 26 Der Kompakt- oder Minibagger
- 28 Der Schreitbagger
- 30 Der Eimerkettenbagger
- 32 Bagger im Weltall

Wozu wird ein Bagger gebraucht?

Auf fast jeder Baustelle kommt ein Bagger zum Einsatz. Lukas und Herr Schulze beobachten, wie der Bagger in Nachbars Garten ein großes Loch aushebt. So entsteht die Baugrube. Der Bagger kann aber nicht nur Vertiefungen im Boden ausheben; er kann Gruben und Löcher auch (wieder) zuschütten. Weiter wird ein Bagger gebraucht, wenn so genanntes Schüttgut wie Sand, Kies oder Schotter bewegt werden muss. Und im Tagebau wird der Bagger beim Abbau von Kohle und Erzen eingesetzt.

An den Arm des Baggers können unterschiedliche Werkzeuge angebracht werden, je nachdem wo der Bagger eingesetzt wird und welche Aufgabe er erfüllen soll. Für das Ausheben der Baugrube ist eine mächtige Schaufel mit scharfen Zähnen, der so genannte Tieflöffel, genau richtig.

Die meisten Bagger heute sind Hydraulikbagger. Bei diesen Baggern werden der Baggerarm und sein Werkzeug mithilfe von ölgefüllten Schläuchen bewegt.

Was ist an einem Bagger alles dran?

Lukas, Lilli und Herr Schulze machen sich auf den Weg zum Nachbargrundstück. Vor der Absperrung, die die Baustelle sichert, bleiben die Kinder stehen. Gerade klettert der Baggerfahrer aus seiner Kabine.

Hydraulikzylinder

Löffelstiel

Tieflöffel als Werkzeug

„Hallo", ruft Lilli, „dürfen wir uns den Bagger einmal ansehen?" Der Baggerfahrer lacht: „Kommt ruhig näher, ich mache jetzt Pause! Da kann ich euch erklären, was an einem Bagger alles dran ist und wie die Teile heißen." Das lassen sich Lukas, Lilli und Herr Schulze nicht zweimal sagen. Zusammen mit dem Baggerfahrer Hellmut sehen sie sich den Bagger einmal aus der Nähe an.

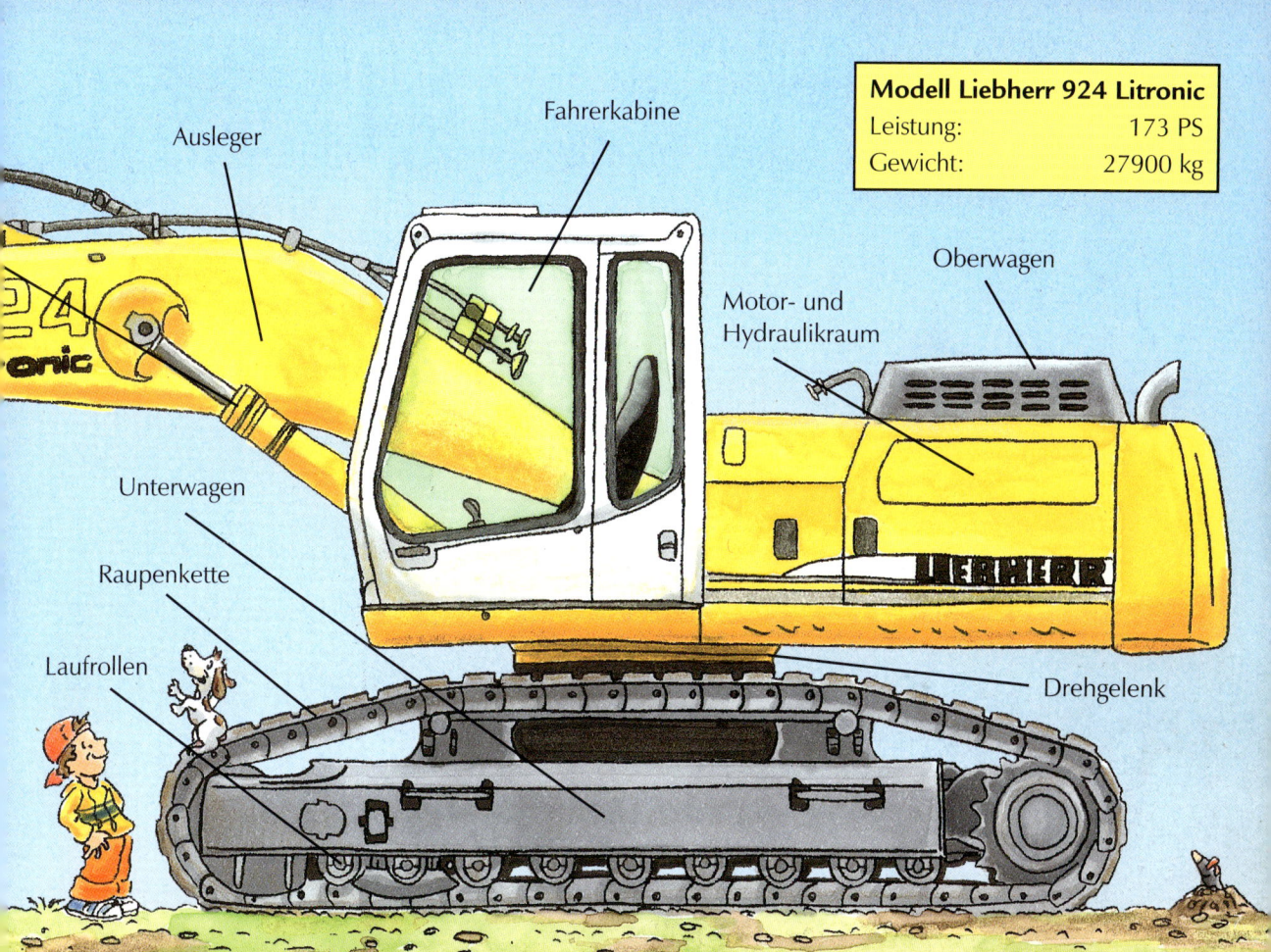

Wie funktioniert Hydraulik?

„Warum können sich der Ausleger, der Löffelstiel und der Tieflöffel des Baggers überhaupt bewegen?", fragt Lukas. „Das muss ich euch ein bisschen ausführlicher erklären", meint der Baggerfahrer Hellmut.

Für die Bewegung des Baggerarmes ist ein so genanntes hydraulisches System nötig. In einem hydraulischen System wird eine Kraft bis zum Ausleger, Löffelstiel und Baggerwerkzeug durch eine Flüssigkeit übertragen. Diese Hydraulikflüssigkeit, meistens ein besonderes Öl, wird mit einer Pumpe durch die Hydraulikzylinder gedrückt. Für jede Einzelbewegung hat der Bagger einen Hydraulikzylinder.

Jeder Zylinder sieht aus wie ein längliches Rohr, in dem ein Kolben steckt. Dieser Kolben wird von der Hydraulikflüssigkeit vor- und zurückbewegt und sorgt so für die Bewegung.

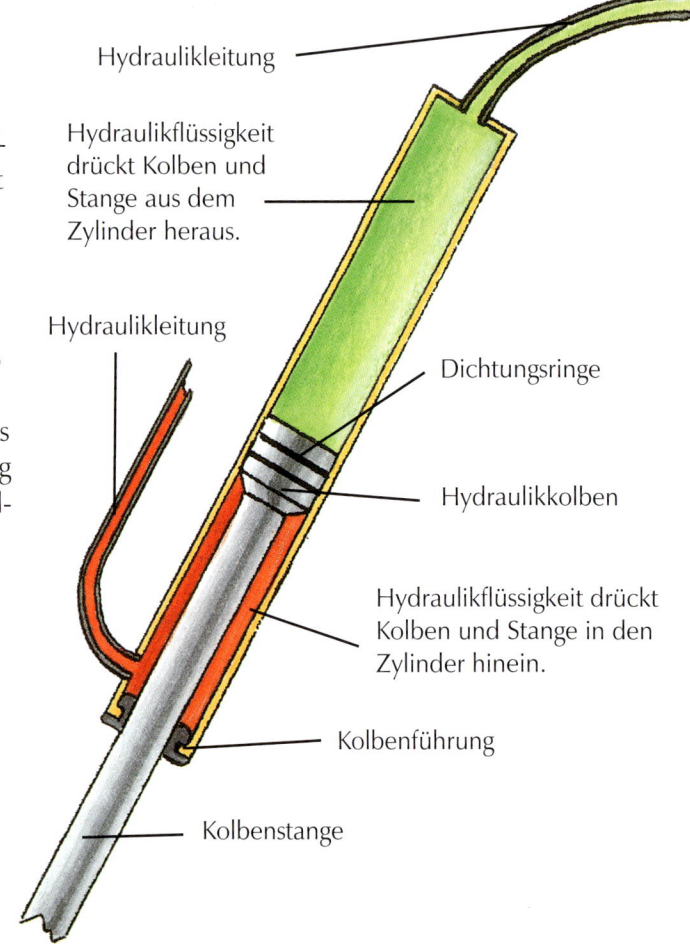

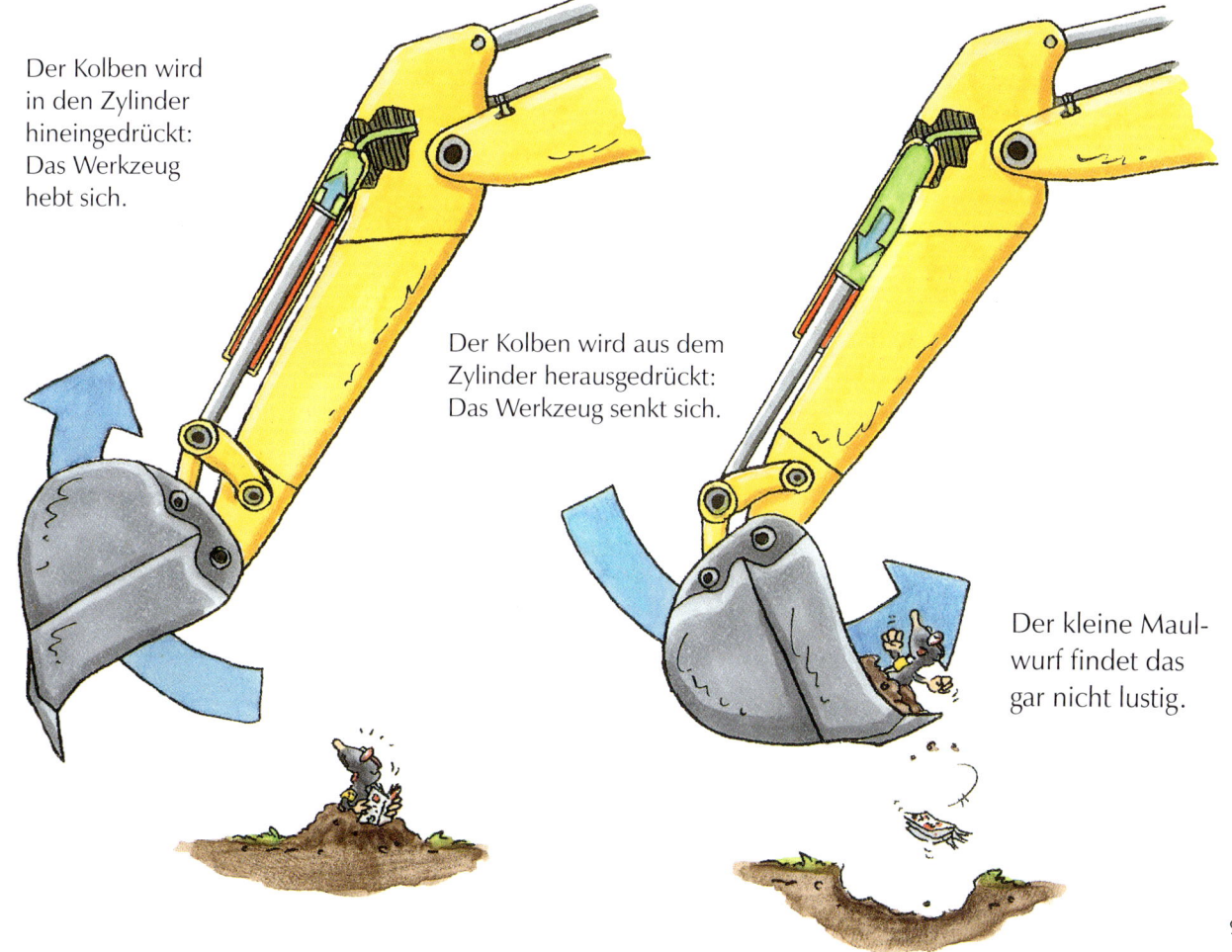

Wie wird der Bagger gesteuert?

Die Kinder dürfen einen Blick in die Kabine des Baggers werfen. Ob es wohl schwierig ist, so einen Bagger zu steuern?

Der Baggerfahrer Hellmut zeigt Lukas und Lilli die Steuerhebel, die sich links und rechts vom Fahrersitz befinden. Damit werden der Ausleger, der Löffelstiel und das Werkzeug des Baggers gesteuert. Mit ein bisschen Übung ist das gar nicht schwer. Im Fußraum der Kabine des Baggers gibt es auch noch verschiedene Fußpedale – fast wie bei einem Auto.

Ein Bagger mit Raupenfahrwerk hat kein Lenkrad, dafür aber zwei lange Hebel, mit denen die beiden Raupenketten gelenkt werden. Über diese beiden Hebel kann der Baggerfahrer den Bagger nach rechts oder links steuern. Wenn der Bagger nach rechts fahren soll, dreht sich nur die linke Raupe, die den Bagger so nach rechts drückt. Nach links geht's genau andersherum: Es dreht sich nur die rechte Raupe, die den Bagger daraufhin nach links drückt. Beim Geradeausfahren werden beide Raupen angetrieben.

Lilli darf einmal auf dem Fahrersitz Platz nehmen. Toll, jetzt fühlt sie sich fast wie eine echte Baggerfahrerin!

Werkzeuge für den Bagger

Mit der mächtigen Schaufel, dem Tieflöffel, kann der Bagger große Löcher im Boden ausheben. Daneben kann der Bagger noch andere Aufgaben erledigen. Dazu müssen allerdings verschiedene Werkzeuge am Löffelstiel befestigt werden.

Mit einem **Grabgreifer** kann der Bagger sehr viel Erde auf einmal oder jede andere Art von Schüttgut wie Sand, Kies oder Schotter aufnehmen.

Mit den Klauen des **Schrottgreifers** kann eine große Menge Altmetall, sogar ein ganzes Auto sicher gepackt werden.

Der **Holzgreifer** wird für die Arbeit im Wald oder in Sägewerken eingesetzt, wenn große, schwere Baumstämme getragen werden sollen.

Mit einer angebauten **Bohrschnecke** kann der Bagger sogar Löcher bohren.

Aber das sind längst noch nicht alle Werkzeuge, mit denen der Bagger ausgestattet werden kann. Denn es gibt noch einige mehr.

Wieso haben einige Bagger Raupenketten, andere aber Räder?

„Dein Bagger hat ja gar keine Räder!", stellt Lukas fest. „Kannst du denn damit überhaupt über die Straße fahren?" Der Baggerfahrer Hellmut erklärt den Kindern, dass ein Bagger mit Raupenketten auf der Straße nur sehr, sehr langsam vorankommt. Dafür ist das Raupenfahrwerk für matschige, unebene Untergründe aber prima geeignet. Denn das große Gewicht des Baggers verteilt sich auf den beiden großen Raupenketten viel besser als auf vier Rädern, und der Bagger kommt gut voran. Mit dem Raupenfahrwerk kann der Bagger auch leichte Steigungen gut bewältigen, bei denen Räder längst durchdrehen würden.

Ein Bagger mit einem Radfahrwerk kann auf den eigenen Rädern selbst zur Baustelle fahren. Das ist sehr praktisch. Allerdings ist der Bagger nicht besonders schnell dabei: Seine Geschwindigkeit liegt bei höchstens 20 Kilometern pro Stunde. Da kann man ganz gut mit einem Fahrrad hinterherradeln.

Die Reifen eines Baggers mit Radfahrwerk haben ein sehr tiefes Profil, damit sie auch auf schlechtem Boden noch gut greifen und der Bagger vorankommt.

Wie kommt ein Bagger zur Baustelle?

Weil ein Bagger mit Raupenfahrwerk auf der Straße so schlecht vorankommt, wird er häufig auf einem Tieflader zur Baustelle transportiert. Ein Tieflader ist ein besonderer Lkw, der den Bagger auf die Ladefläche nehmen kann. Die Ladefläche ist längst nicht so hoch wie bei den meisten anderen Lkws. So kann der Baggerfahrer den Bagger ganz bequem auf die Ladefläche hinauf- und wieder hinunterfahren.

Die ersten Bagger: Dampfbagger

„Wie sahen die Bagger denn früher aus? Auch schon so wie heute?" Lukas und Lilli können sich das gar nicht so recht vorstellen! Der Baggerfahrer Hellmut erzählt den Kindern ein bisschen aus der Geschichte des Baggers.

Die ersten Bagger sahen noch ganz anders aus als heute, denn sie wurden mit Dampfkraft angetrieben, waren also in gewisser Weise eine Art von Dampfmaschine. Ähnlich wie die Dampflokomotiven fuhren die ersten Bagger auch auf Schienen. Nun war es aber viel zu mühsam, zu jeder Baustelle Schienen zu verlegen. Deshalb wurden die Bagger schon bald mit Raupenketten ausgerüstet. So konnten die Bagger vergleichsweise schnell auf ziemlich jedem Untergrund eingesetzt werden. Damals hat man Bagger auch schon mal mit großen Rädern ausgerüstet. Doch konnten sich die Räder lange Zeit nicht durchsetzen.

Mit der Zeit wurden die Dampfkessel immer schwerer, denn die Bagger sollten ja immer mehr Leistung erbringen. Da kam die Erfindung des Dieselmotors Ende des 19. Jahrhunderts gerade recht. Endlich konnten die schwerfälligen Dampfmaschinen durch leichtere Dieselmotoren ersetzt werden. Diese waren nicht nur kleiner und leichter als die Dampfmaschinen; die Dieselmotoren waren auch viel leistungsstärker. Bis heute werden Bagger mit Dieselmotoren angetrieben.

Was genau ist ein Seilbagger?

Heutzutage gibt es einige Bagger, deren Werkzeug und Ausleger noch fast genauso bedient werden wie beispielsweise im 19. Jahrhundert. Diese so genannten Seilbagger waren damals auf den Baustellen sehr verbreitet. Erst als die Hydraulik entwickelt wurde, traten die Seilbagger mehr und mehr in den Hintergrund. Durch die Hydraulik entstanden nämlich kompaktere und leistungsfähigere Bagger, die auch leichter zu bedienen waren.

Wie der Name schon sagt, werden beim Seilbagger Ausleger und Werkzeug durch Seile bewegt, die über verschiedene Winden laufen. Je nachdem, ob am Seil gezogen oder es locker gelassen wird, bewegen sich Werkzeug und Ausleger. Obwohl die Technik der Seilbagger so alt ist, gibt es auch heute noch Bereiche, in denen sich die Seilbagger behaupten: zum Beispiel beim Bewegen von Sand- und Kiesbergen, bei Tiefbohrungen oder bei großen Abbruchmaßnahmen.

Seile, die über Winden laufen

Der Teleskopbagger

Einige Bagger haben einen ausfahrbaren Ausleger. So ein Bagger heißt Teleskopbagger. Durch den ausfahrbaren, gut beweglichen Ausleger kann das Werkzeug sehr exakt geführt werden.

Den Teleskopausleger benötigt man dann, wenn man ganz hoch hinaus muss, in der Tiefe baggern will oder etwas weitere Entfernungen überbrücken möchte. Wo ein normaler Baggerausleger zu kurz ist, kommt der Teleskopbagger mit seinem langen Arm gut zurecht. Teleskopbagger eignen sich auch gut für Baggerarbeiten in engen und niedrigen Räumen: zum Beispiel im U-Bahn-Bau, wenn die Tunnel angelegt werden.

Abbruchzange als Werkzeug

Der Schaufelradbagger, ein wahrer Riese

Manche Bagger sind wirklich riesig. Der Schaufelradbagger zum Beispiel ist ein echter Gigant unter den Baggern. Wenn Menschen neben dem Bagger stehen, wirken sie gerade mal so groß wie Ameisen, die vor einem Hochhaus stehen.

Ein Schaufelradbagger kann bis zu 100 Meter hoch und 240 Meter lang sein. Wenn sich das riesige Schaufelrad dreht, graben sich die Radschaufeln in den Boden und nehmen dabei Erde oder Braunkohle auf. Das geförderte Material wird über Förderbänder weitertransportiert.

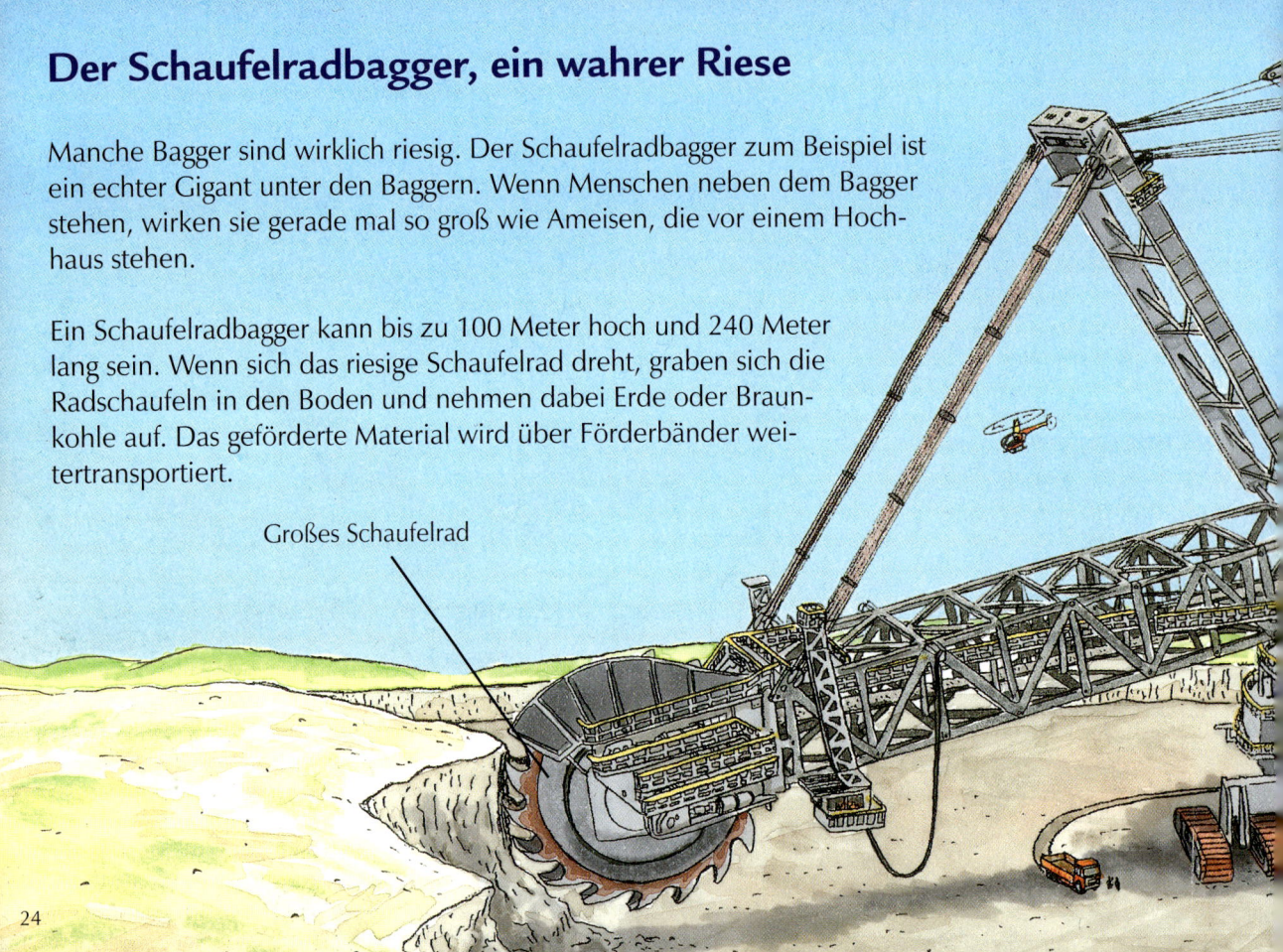

Großes Schaufelrad

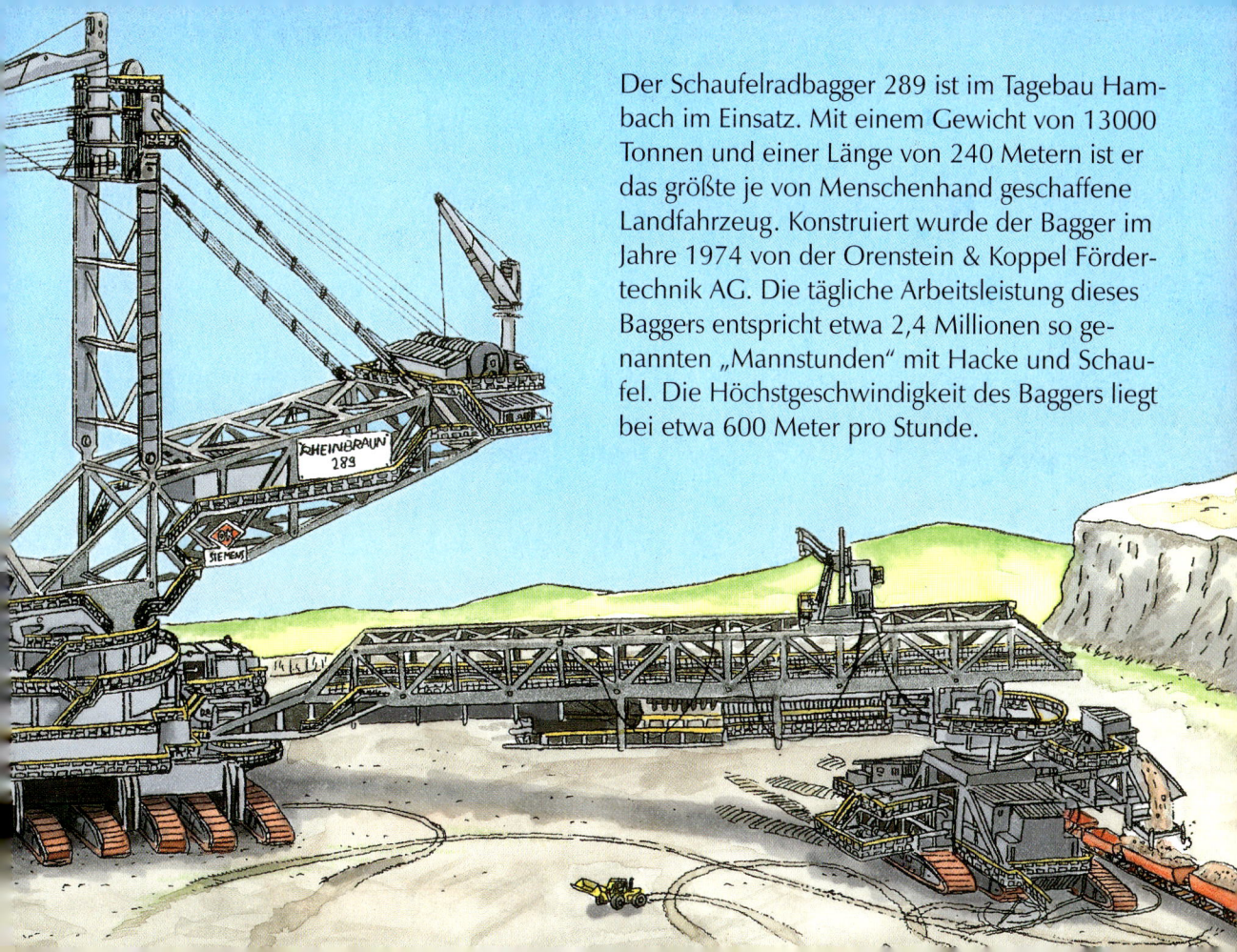

Der Schaufelradbagger 289 ist im Tagebau Hambach im Einsatz. Mit einem Gewicht von 13000 Tonnen und einer Länge von 240 Metern ist er das größte je von Menschenhand geschaffene Landfahrzeug. Konstruiert wurde der Bagger im Jahre 1974 von der Orenstein & Koppel Fördertechnik AG. Die tägliche Arbeitsleistung dieses Baggers entspricht etwa 2,4 Millionen so genannten „Mannstunden" mit Hacke und Schaufel. Die Höchstgeschwindigkeit des Baggers liegt bei etwa 600 Meter pro Stunde.

Der Kompakt- oder Minibagger

„Bei uns zu Hause war schon mal ein ganz kleiner Bagger!", erzählt Lilli. „Den konnte man in einem Anhänger mit dem Auto transportieren. Der Baggerfahrer hat mit dem Bagger einen langen Graben ausgehoben, und darin wurden dann irgendwelche Rohre verlegt!" Der Baggerfahrer Hellmut kennt natürlich auch diese Art von Bagger.

Solch ein kleiner Bagger heißt Mini- oder Kompaktbagger. Der Minibagger wird auf kleinen Baustellen im Bereich des Erdbaus oder des Garten- und Landschaftsbaus eingesetzt. Das Fahrzeug ist relativ leicht und manchmal sogar so schmal, dass man damit auch in Häuser hineinfahren kann. Der Minibagger funktioniert ganz ähnlich wie ein großer Hydraulikbagger. Zur Ausstattung des Minibaggers gehören eine Reihe von Anbaugeräten wie Grabgefäß, Hydraulikhammer oder Erdbohrer.

Der Minibagger ist mit einem hydraulischen Antrieb ausgestattet und besitzt ein Raupenfahrwerk mit Gummiketten. Auf diese Weise kann der Bagger rasch die Richtung ändern und erzeugt dabei nur geringen Bodendruck. Ein kleiner Räumschild ist am Unterwagen angebracht. Damit kann der Minibagger leichte Planierarbeiten ausführen. Außerdem dient der Räumschild als Stütze, damit der Bagger während des Baggervorgangs nicht umkippt.

Der Schreitbagger

"Stellt euch vor: Es gibt sogar einen Bagger, der laufen kann!", erklärt Hellmut den Kindern Lukas und Lilli. "Der Schreitbagger heißt auch Spinnenbagger, weil seine Bewegung an das Krabbeln einer Spinne erinnert."

Wie bei einem normalen Hydraulikbagger hat auch der Schreitbagger einen drehbaren Oberwagen, an dem sich der Ausleger mit Löffelstiel und Werkzeug befindet. Ganz anders als beim Hydraulikbagger aber ist der Unterwagen konstruiert. So verfügt der Schreitbagger über vier Schreitbeine, an denen sich Räder und Abstützfüße befinden. Jedes Schreitbein kann einzeln gesteuert werden. (Die Bilder am unteren Seitenrand machen das gut deutlich.) Mithilfe der Schreitbeine kann der Bagger auch in schwierigem Gelände, in Flussbetten, an Hängen oder im Wald arbeiten. Aufgrund seiner besonderen Leistungsfähigkeit wird der Schreitbagger im Erdbau, in der Forstwirtschaft oder in der Landschaftspflege eingesetzt.

Manche Schreitbagger haben nur zwei Räder und zwei Stützen – eigens für besonders unwegsames Gelände. Schreitbagger mit vier Rädern können sogar ganz normal auf der Straße fahren. Die modernste Ausführung des vierrädrigen Schreitbaggers besitzt vier gleich große Räder und einen Allradantrieb.

Um größere Strecken zurückzulegen, wird der Schreitbagger auf einem Lkw oder Tieflader transportiert. Der Schreitbagger kann dabei selbst auf die Ladefläche hinauf- und wieder hinunterfahren.

Modell Menzi Muck A 51
Leistung: 65 PS
Gewicht: 5400 kg

Der Eimerkettenbagger

Bagger können aber nicht nur fahren, laufen und klettern. Einige Bagger können sogar schwimmen!

Das Wort „Bagger" kommt aus der niederländischen Sprache und bezeichnet ursprünglich einen Sand- oder Schlammräumer, also einen Arbeiter, der in einem Hafen den Boden von Schlick und Schlamm frei räumt. Früher musste das von Hand gemacht werden. Heute gibt es dafür ein richtiges Baggerschiff. Dabei wird das Fördergut wie Schlick und Schlamm unter Wasser mit Eimern abgegraben, die an einer Kette befestigt sind.

Unterwasserbaggerarbeiten sind aus verschiedenen Gründen nötig, zum Beispiel um Baumaterial wie Sand und Kies zu gewinnen; oder auch um Neuland zu gewinnen für den Deichbau und den Schutz der Küsten. Ganz wichtig sind Unterwasserbaggerarbeiten für den Neu- und Ausbau von Wasserstraßen und Häfen. Auch Fahrrinnen für Schiffe müssen in einer bestimmten Tiefe wiederhergestellt werden, denn das Meer spült immer wieder Sand und Schlick in das Hafenbecken. Und große Schiffe dürfen dort ja nicht stecken bleiben!

Bagger im Weltall

„Einen Bagger, der fliegen kann, gibt es doch bestimmt nicht, oder?" Die Kinder sind jetzt aber ganz gespannt. Der Baggerfahrer Hellmut lacht: „Klar gibt es auch so einen Bagger, und der ist sogar in den Weltraum geflogen – Richtung Mars! Stellt euch vor: Die NASA-Raumsonde Phönix ist mit einem 2,35 Meter langen Baggerarm ausgestattet. Damit sollen Bodenproben vom Mars entnommen werden, und zwar aus einer Tiefe von mindestens 50 Zentimetern. Ich finde schon, dass das auch eine Art von Bagger ist, oder?" Lukas, Lilli und Herr Schulze stimmen ihrem Baggerfahrerfreund zu. Dann müssen sie sich leider von Hellmut verabschieden, denn der muss mit seinem Bagger weiterarbeiten.

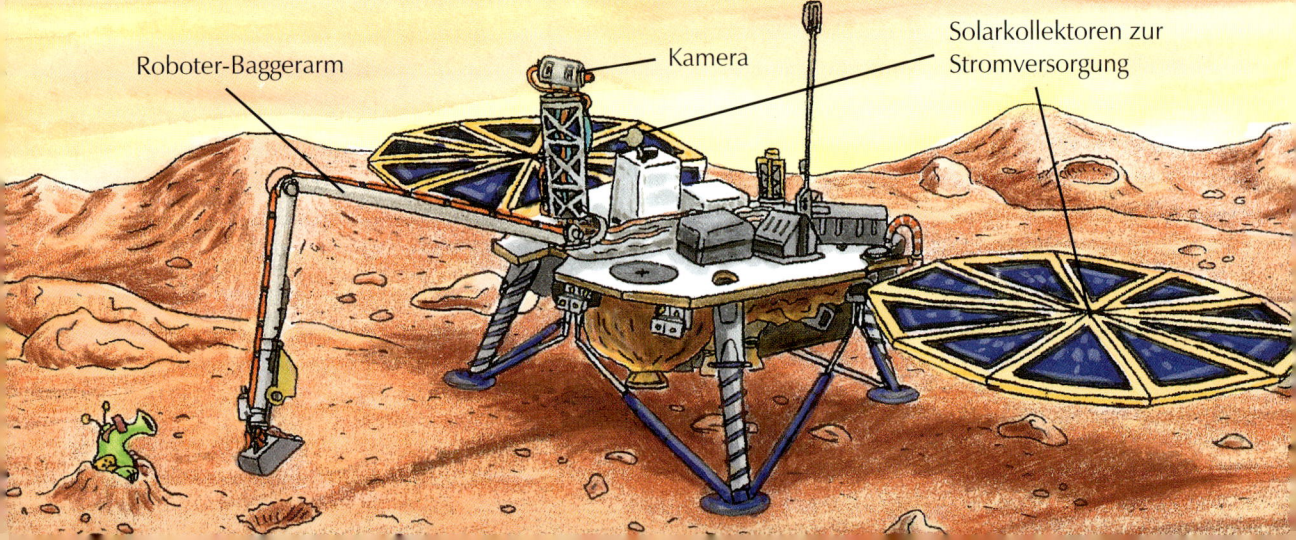

Roboter-Baggerarm — Kamera — Solarkollektoren zur Stromversorgung

Hallo, Fahrzeuge-Fans!

In der Reihe sind auch diese Titel erschienen:

  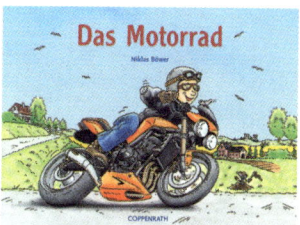

Der Hubschrauber
ISBN 978-3-8157-8858-5

Der Traktor
ISBN 978-3-8157-8865-3

Das Motorrad
ISBN 978-3-8157-8866-0

Viel Spaß beim Lesen wünscht euch euer Coppenrath Verlag,
Hafenweg 30, 48155 Münster.